Échos de mon âme

Échos de mon âme

Délicia Pioggia

© 2024 Délicia Pioggia

Édition : BoD · Books on Demand GmbH, In de Tarpen 42,
22848 Norderstedt (Allemagne)
Impression : Libri Plureos GmbH, Friedensallee 273,
22763 Hamburg (Allemagne)

Illustration : Pixabay / IA

ISBN : 978-2-3225-1873-9
Dépôt légal : Décembre 2023

Chers lecteurs, chères lectrices,

En ouvrant ce livre, vous avez définitivement pénétré mon âme. Ainsi je vous offre mes pensées les plus intimes, en espérant que vous puissiez vous reconnaître dans certains de mes textes.

Ici, je laisse parler mes doutes, mes peurs et j'offre ma vulnérabilité sans artifice, sans masque, sans leurres. Je m'abandonne à vous en toute simplicité, en acceptant mes failles et mes blessures sans aucune vanité.

Ce livre est un témoignage d'amour, d'amitié, de joie et de peine. Il évoque la vie, mais aussi la mort. Il met en lumière mes pensées, mes opinions, qu'elles soient le reflet de ma vie ou le fruit de mon imagination.

Je pense que l'écriture est une quête éternelle, un voyage vers soi, vers l'essentiel. Parfois, mon esprit voyage et s'égare. Je me mets dans la peau de mes personnages et je suis tour à tour joyeuse, blessée, abandonnée ou perdue. De cette communion avec eux, les mots jaillissent pour s'épanouir sur le papier. Ainsi, dans ce livre, mes pensées se mêlent aux leurs. Je vous invite à parcourir leurs histoires, avec le regard bienveillant d'un ami et la curiosité d'un aventurier en quête de récits.

Ainsi, vous l'aurez compris : ces lignes renferment une partie de moi, une parcelle de ma vérité. Pourrez-vous déceler ce que j'ai enfoui, le comprendre, le ressentir comme moi ?

Peut-être jamais ne trouverez-vous la réponse, mais peut-être que certains textes résonneront en vous, tels des échos, et qu'ils vous toucheront profondément, comme une évidence.

Bonne lecture !

Délicia Pioggia

Je n'ai pas oublié qui tu étais, mais en ne regardant que toi, j'ai oublié que moi aussi j'existais.

J'existe aussi

Non, l'amour ne suffit pas. Si l'amour suffisait, alors beaucoup de conflits seraient résolus. Si l'amour suffisait, beaucoup de peines seraient évitées. Mais l'amour ne se suffit pas à lui seul. L'amour, c'est le feu et lorsque le vent souffle trop fort, il s'éteint comme s'il n'avait jamais existé. Alors, plus que l'amour, sois mon mur, mon rempart. Sois la flamme qui ne s'éteindra jamais. Sois le vent qui fera danser notre feu sans jamais l'étouffer. Sois celui qui viendra me rappeler à quel point il est bon de se réchauffer quand on est deux à l'allumer. Et n'oublie jamais, jamais qu'à la base de ce feu crépitait une petite flamme. Une petite flamme si fragile qu'il a fallu la protéger et la nourrir chaque jour pour qu'elle grandisse et devienne un brasier.

Alors, sois celui qui veille sur elle, qui la chérit, qui la fait briller. Sois le gardien de notre amour, celui qui prend soin de notre flamme. Car l'amour ne se suffit pas à lui seul, il a besoin d'attention, de soins, d'affection. Il a besoin de deux cœurs qui battent à l'unisson pour s'embraser et illuminer l'horizon.

Nous étions un feu

Ne prends jamais un de mes "Je t'aime" pour acquis. J'aime peut-être facilement, mais j'oublie aussi rapidement.

Non acquise

On me dit parfois que je suis trop rêveuse, que la vie me rattrapera pour me rappeler la réalité. Métro, boulot, dodo... Moi, je pense surtout qu'on nous a tellement dit que c'était ça la vie qu'on a fini par y croire. Nos rêves d'enfants se sont envolés, les "si" se sont transformés en "jamais" et la quête du bonheur est devenue la quête d'une stabilité. Alors, c'est vrai que je suis une grande rêveuse et peut-être que la réalité me rattrapera. Mais, si j'oublie mes rêves, s'il vous plaît, venez me les rappeler parce qu'alors, je ne serai plus vraiment moi.

Rêveuse

Le bien, le mal... J'y ai longuement réfléchi dernièrement. Suis-je une bonne ou une mauvaise personne ? Et pourquoi se poser ce genre de questions maintenant ? Je me demande où le mal commence et où le bien se termine.

Le bien et le mal

Parfois, je me dis que je pense trop et même quand je me dis que je ne pense pas, eh bien je pense à ça. C'est épuisant de penser. Je n'arrête pas d'analyser ma vie, mes actions, mon caractère, mes paroles... Je réfléchis à ce que je dis et je dis souvent peu ce que je pense. Je remets en doute ma morale, je me questionne sur la vie, je me demande comment je serais une fois vieille... Est-ce que j'aurai beaucoup de choses à raconter ? Est-ce que je vais mourir jeune ? Est-ce que le destin m'attend au tournant ? Finalement, je ne suis certaine que du présent et c'est sans doute pourquoi je désire tant vivre à fond l'instant présent.

Flot de pensées

J'ai oublié de penser à moi
Je n'ai toujours pensé qu'à nous
Alors que c'est avec moi
Qu'il faudra que je vive jusqu'au bout

~~Nous~~ Je

Tu te sens seul dans ta douleur
En regardant autour toi
Le monde est une peinture vide de couleurs
Mais regarde auprès de toi.

Nul ne marche seul dans cette vaste sphère,
Au-delà de la solitude apparente,
Il y aura toujours une main accueillante.
Prête à t'apporter sa lumière.

Jamais seul

J'ai envie de plus

Mon corps veut explorer des domaines inconnus

Et mon âme, elle, veut se retrouver seule avec elle-même

Mais pourquoi cette envie si pressante ?

Pourquoi cette pression si pesante ?

Alors que j'ai tout

Alors que tout va bien

Pourquoi ai-je l'impression de n'avoir rien ?

Envie de plus

Je ne veux pas que ma fin soit source de malheur
Je veux que ma fin soit le début de la vie
Je veux que lorsque mon corps se meurt
Un bébé, sortant du ventre de sa mère
Pousse son premier cri
Et que ne demeure
Que la joie de cette nouvelle vie
Et non la peine de mon dernier soupir
Parce que je serai toujours là, quelque part
À veiller sur les personnes que j'aime
À m'assurer qu'à mon départ
Il n'y a plus que des sourires.

Mourir en beauté

N'abandonne pas
Il y aura toujours une porte qui s'ouvrira
Même si ce n'était pas ce que tu avais espéré
Même si la vie te fait emprunter
Des chemins sinueux
Des zones sombres
Il y aura toujours une lumière qui jaillira
Là où tu ne t'y attendras pas.

Vois-tu la lumière ?

Ressens-tu cette lente agonie ?
La lente agonie de cette femme
Cette mère, cette sœur, cette âme meurtrie
Son corps est voûté, telle une rose qui se fane
Aveuglée par les critères de la société
Elle ne se regarde plus
Dans le miroir, elle a cessé d'exister
Elle a créé le monde
Mais celui-ci ne lui a jamais rendu
Toute sa bonté

Bonté

Tu me serres dans tes bras
Tu penses sans doute que ça suffira
Ton corps fait pression sur le mien
Tu crois que mon corps est le tien
Mais ne vois-tu pas que j'étouffe ?
Tu veux m'empêcher de voler,
Mais sais-tu seulement qu'un oiseau en cage
Ne rêve qu'à la liberté ?

Un oiseau

Il est parti et tu es resté. Est-ce tout ce que tu méritais ? Pas un « au revoir », pas un « merci » pour tout ce que tu as fait ? Tu y as cru, à ses belles paroles. Il faut dire qu'il avait les mots. Il savait comment en user pour mieux t'atteindre. Avec lui, tu as cru que les anciennes blessures se seraient refermées, mais ce que tu n'avais pas prévu, c'est que d'autres, bien plus profondes, s'ouvriraient. Et ses baisers, tu y as cru. Quand il te disait qu'il t'aimait et que ses lèvres touchaient les tiennes, c'était comme une bénédiction de Dieu.

Alors, aujourd'hui, tu te demandes ce que tu vaux. Suis-je si aveugle que je n'ai rien vu venir ? Suis-je si désespérée au point de me jeter à ses genoux ? Est-ce là la femme que je suis devenue ?

Relève-toi.

Là où tu penses avoir tout perdu, dis-toi que tu as finalement tout gagné.

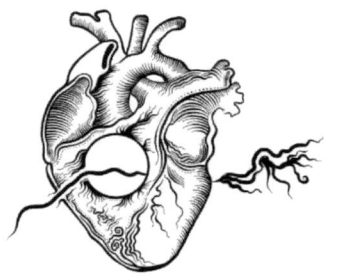

Tu vaux mieux

Tu me regardes, mais tu ne me vois pas.

Aveuglé

Je t'aime
Oui, tu as bien entendu : je t'aime.
Et je ne saurais même pas dire pourquoi
Mais l'amour ne devrait pas s'expliquer, n'est-ce pas ?
J'aime juste passer du temps à tes côtés
J'aime quand tes douces lèvres viennent m'effleurer
Quand ton souffle chaud vient caresser ma peau.
Même dans la foule, c'est sur toi que mes yeux se posent
Et quand tu ris, c'est comme si le monde cessait d'exister
Parce qu'avec toi, je comprends enfin l'expression « voir la vie en rose »
Parce qu'avec toi, les obstacles semblent plus faciles à surmonter
Parce qu'avec toi, je peux être moi et continuer d'exister

L'Amour

Tu me manques
Avec toi s'en est allée une part de mon enfance
Sans que nous puissions nous en douter
La mort est venue sur la pointe des pieds

Dis-moi, la mort en t'emportant, s'est-elle mise à chanter ? Et la vie, en te voyant partir, s'est-elle mise à pleurer ?

Est-ce que ce fut douloureux ? Et maintenant, souffres-tu toujours du mal qui t'a emporté ? Regardes-tu tes films préférés, installée confortablement dans ton canapé ? Es-tu assise sur un nuage moelleux ? Observes-tu ta famille de là où tu es ?

Tu me manques

Pourquoi me filmes-tu ?
Ne vois-tu pas que je souffre ?
Ne vois-tu pas que mon cœur est brisé,
Que je ne suis plus que l'ombre de moi-même ?
As-tu pensé à me tendre la main ?
As-tu vu la larme qui coulait le long de ma joue ?
Quand je ne serai plus là
Quand mon âme aura quitté son corps
Quand mes pieds auront quitté cette Terre
Regarderas-tu tes photos avec des remords ?

Adieu sous les projecteurs

Crois-tu que c'est si simple pour moi ?
Avoir eu tant d'espoir, tant d'attentes,
Et maintenant, être si déçue,
Crois-tu que c'est si simple pour moi ?
Avoir cru que tu étais le bon, le prince charmant
tant attendu
Et maintenant, me retrouver seule, délaissée.

Crois-tu que c'est si facile pour moi ?
De vivre avec cette douleur chaque jour,
De chercher en vain un nouvel amour,
Crois-tu que c'est si facile pour moi ?
D'oublier ta présence
De combler ton absence
Crois-tu que c'est si facile pour moi ?

Faire une croix sur le passé avec toi
C'est faire une croix sur mes plus belles années
Alors, je te le redemande :
Crois-tu que c'est si facile pour moi ?

Pas si simple

Une fois, une psy m'a dit ceci :
« Tu ne peux changer les autres, mais tu peux
changer tes attentes vis-à-vis d'eux. »
Et j'ai réalisé que c'était vrai, que je n'aurais jamais
aucune emprise sur les autres, que je ne pourrais
jamais tout contrôler, que les autres ne pouvaient
pas répondre à toutes mes attentes.

Dans un de ses écrits, Rupi Kaur disait :
« Très souvent, nous sommes en colère contre les
autres parce qu'ils ne font pas ce que nous aurions
dû faire pour nous ».
Finalement, qu'ai-je fait pour moi ?

Le bonheur n'est pas à chercher chez les autres.
Le bonheur est à chercher en soi. Personne ne te
rendra plus heureuse que toi-même.

Aimer les autres, c'est chercher à plaire à tout prix
Se perdre parfois dans leur regard, leur avis
Mais t'aimer toi-même, c'est trouver ta propre voie,
c'est avancer avec confiance, sans crainte ni émoi.

Les autres

J'aime les animaux
Contrairement aux humains, leur regard ne ment
pas
Ils te font la fête quand tu rentres chez toi
Se collent à toi pour apaiser tes maux
Et tandis que l'Homme pose des conditions à
son amour
L'animal offre un amour inconditionnel
Parce qu'ils n'attendent rien en retour
Leur amour n'a rien de cruel
L'animal te regarde avec tant d'affection,
Sans jamais juger ni demander d'explication.
Tandis que l'Homme peut être avide de pouvoir,
L'animal ne demande que quelques caresses
pour y croire.
Finalement, assis devant la porte d'entrée,
Attendant patiemment ton retour,
L'animal se demande quand tu vas rentrer
Tandis que l'Homme se demande ce que tu lui
feras à manger.

À mon meilleur ami

Max

Je veux que mon existence soit utile, que ma vie ait un sens.

Toujours vouloir

Je veux avoir des choses à raconter à mes petits-enfants plus tard. Je m'imagine parfois à 80 ans, assise dans une chaise à bascule, en train de leur conter mes aventures devant un feu ouvert. Ils me diraient « Mamie, c'est vrai que tu as beaucoup voyagé étant plus jeune ? » et je leur répondrai « Oui, mamie a découvert le monde et aujourd'hui, mon monde, c'est vous. »

Un jour peut-être

Quand j'étais plus jeune et que je rentrais de l'école, "Friends" était toujours diffusé à la télévision. Je regardais ces amis inséparables et je me disais : "J'aimerais tellement avoir nouer une relation comme ça".

Mais j'ai appris à mes dépens. J'ai été déçue, j'ai pleuré, j'ai souffert, j'ai donné et j'ai pris, et j'ai encore pleuré. Finalement, j'ai regardé "Friends" à nouveau et j'ai souri, car j'ai compris que même dans cette série, les personnages finissent par suivre leur propre chemin.

Il n'y a pas d'amitié

On dit souvent que nos vrais amis se révèlent lorsque nous traversons des moments difficiles. Mais en réalité, il est possible qu'ils se réjouissent simplement de notre malheur. En revanche, lorsque tout va bien pour nous, la jalousie peut les trahir.

La vraie amitié

Certains n'ont pas attendu le coronavirus pour
porter un masque.

Faux-semblant

Pourquoi sommes-nous si inquiets
face à un virus ?
En y réfléchissant profondément, nous sommes des
bombes à retardement sur cette Terre.

Je suis un virus

Verlaine disait : « Il pleure dans mon cœur comme il pleut sur la ville ».

Si Verlaine avait vécu en Égypte, peut-être aurait-il écrit sur la douce chaleur du soleil qui réchauffe les cœurs, au lieu de la pluie qui les noie. Peut-être devrions-nous tous habiter dans un pays chaud pour réchauffer nos cœurs et essuyer nos larmes.

Bien au chaud

Tu oses dire que je ne t'aime pas assez pour rester,
Mais tu ne m'aimes pas assez pour me laisser
partir.

Aimer assez

Je rêve d'une vie nomade
Où chaque jour serait une escapade
Où chaque instant serait un renouveau.

Je serais comme un oiseau
Qui traverse les frontières,
Un aventurier sans repos
Qui explore la terre entière.

Je visiterais les endroits
Où l'histoire a laissé sa trace,
Où la nature nous laisse en émoi,
Où les cultures se croisent et s'entrelacent.

Je serais le vent
Qui caresse la terre

Voyager serait mon quotidien,
Mon métier et ma passion,
Et chaque nouveau lieu serait un tremplin

Pour mon âme en perpétuelle expansion.

Nomade

Tu as quelque chose à me dire ?

Je t'aime.

Tu me manques.

Je suis désolé.

Je me suis trompé de numéro.

Vas-tu attendre qu'il soit trop tard ?

Tu la regardes partir,

Plein de regrets

Mais as-tu seulement essayé de la retenir ?

Il n'a même pas essayé

Finalement, je ne suis pas tombée amoureuse de
toi. Je suis simplement tombée.

Tombée

Il me regarde de bas en haut
Comme si j'étais une marchandise à évaluer.
Son regard commence à me déshabiller
Et alors que je cherche mes mots
Ses yeux me disent
Que je ne suis qu'un corps à posséder,
Une image à consommer,
L'objet de ses désirs,
Un trophée à conquérir.

Il est aveugle, ignorant mon essence
Je suis la genèse de son existence,
La mère qui l'a mis au monde,
La petite amie avec qui il fondera sa famille,
La baby-sitter qui l'a bercé,
Celle qui fut sa meilleure amie,
Toutes ces femmes qu'il ne saurait honorer.
Ces femmes qu'il ne respectera jamais,
Celles qui ont tant fait pour lui,
Celles dont il ignore l'importance,
Prisonnier de sa propre ignorance.

Idiot

Nous pourrions être Wall-E et Ève.

Wall-E et Ève ?

Je viens d'un pays sous-développé et, toi, tu viens d'un pays développé. Par hasard, nous nous sommes rencontrés et nous avons créé un lien bien que nous ayons grandi dans des environnements complètement différents.

Wall-E

Il m'a dit :

« Ta nature est bienveillante. Tu seras une très
bonne mère le moment venu. »

Merci

Excuse-moi, je suis très occupé dernièrement.

Je vais travailler dur et, lorsque je prendrai une pause, la première chose que je ferai, c'est de te tendre la main.

Promesse

J'ai acheté des livres aujourd'hui et j'ai pensé à toi.

Moi aussi, j'ai pensé à toi aujourd'hui

Ce n'est qu'un ado aujourd'hui,
Mais demain ce sera un adulte.
Et comment lui faire comprendre,
Que s'il ne s'accroche pas maintenant,
Il sera déjà trop tard demain ?

Réveille-toi, s'il te plaît

Au lever du soleil, quand les oiseaux s'éveillent
Mon cœur se réjouit et mon âme s'émerveille
Leurs chants mélodieux, doux comme le miel
M'insufflent de l'espoir pour ce monde si cruel.

Leurs ailes légères, symboles de liberté
M'encouragent à poursuivre sans me décourager
Car même les plumes les plus légères
Pèsent leur poids sur la balance de la destinée.
Ainsi, je lève la tête et je souris
Reconnaissante pour ce cadeau du paradis
Car leur musique est un baume pour mon âme
Et encore plus pour mon esprit.

Le chant des oiseaux

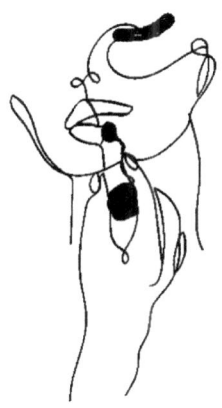

Je suis superficielle.
Lorsque je me regarde dans le miroir
Je deviens obsessionnelle
J'essaie de cacher mes défauts dans un tiroir
J'agrandis ma bouche avec du gloss
Je souligne mes yeux avec un khôl
Je triche en dessinant mes sourcils
J'ajoute des faux-cils
Et quand vient le temps de me démaquiller
Je me dis : « était-ce moi toute cette journée ? »
Mais la société est faite comme ça
Les filtres et les faux-semblants
Une belle femme ne suffit pas
Une robe et des collants

Un rouge à lèvres beige
Des hauts talons bien pointus
C'était bon au collège
Aujourd'hui les belles femmes courent les rues
Elles portent sur leur visage
Le prix à payer de la gloire sur les réseaux
Elles portent sur leur corps
Le poids de la comparaison
L'angoisse du jugement
Elles sont devenues des icônes virtuelles
Des modèles à suivre, des inspirations pour les
autres
Mais derrière les filtres et les pixels
Se cachent des femmes fragiles, à qui l'on rejette
souvent la faute
D'une société trop cruelle
D'une dictature superficielle

Génération superficielle

Maman, comment décrirais-tu
ce monde qui est le nôtre ?

Quand tu m'as donné la vie, quels idéaux
nourrissais-tu pour la personne
que je deviendrais ?

Quel chemin souhaitais-tu que je suive ?

Je suppose que, au fond, ton désir le plus profond
était lié à mon bonheur, à ce sourire qui illuminait
ton visage à chaque éclat de rire sincère.

À présent, je ressens moi-même le désir d'avoir un
enfant. Cependant, je me questionne parfois sur sa
préparation à affronter ce monde en constante
évolution.

Devrais-je en avoir un, en dépit de l'avenir ?

Maman

Il est temps de briser les chaînes de l'apparence
Et de célébrer la beauté de la diversité.

« Oui » à la diversité !

Celui qui dit que la beauté ne compte pas
N'a pas encore appris à mentir.

Menteur

Il y aura toujours plus belle que toi
Plus forte que toi
Plus amoureuse
Plus fougueuse
Il y aura toujours une femme plus gentille que toi
Une femme plus attentionnée

Alors cesse d'essayer d'être quelqu'un d'autre
Puisqu'il y aura toujours mieux
Puisqu'il y aura toujours la possibilité
Qu'une personne te remplace
Ne passe pas ton temps à te comparer
Apprends à t'accepter comme tu es.

Tu es bien comme tu es

C'est étrange. Tu me dis que nous venons de deux mondes différents... Pourtant, nous regardons dans la même direction.

Devrais-je simplement disparaître et laisser le temps nous faire redevenir des étrangers ?

Entre deux mondes

Je t'ai dit que je t'aimais
Mais je ne t'ai jamais dit que je t'appartenais.

L'amour n'est pas possessif

J'ai toujours été effrayée par la perspective de quitter les hommes de ma vie. Pas parce que je ne les aimais plus, mais parce que je les aimais trop. Leur dire « adieu » revenait à arracher une part de moi-même, une douleur qui ne pouvait être apaisée que par la présence de cette personne que je laissais derrière moi. Partir signifiait déconstruire ce que nous avions construit, mais rester signifiait vivre dans la peur de ne pas être heureuse.

Je ne t'aime plus

Quand elle rentre, il ne la regarde plus. Cela ne signifie pas qu'il ne l'aime plus, mais il a simplement oublié à quel point il a de la chance qu'elle rentre chaque jour à la maison, chez eux. Quand elle lui demande de lui faire un câlin, il râle gentiment. Les câlins, c'est bien, mais il l'aime, elle devrait le savoir depuis longtemps. Quand elle lui demande : « est-ce que tu m'aimes ? », elle doit lui répéter plusieurs fois la question pour qu'il réponde un « oui » un peu las. Mais un jour, elle ne rentre plus. Un jour, il n'a plus besoin de l'attendre. Un jour, il n'a plus besoin de la prendre dans ses bras. Un jour, il n'a plus besoin de lui dire qu'il l'aime.

Un jour, un autre a pris sa place.

Moralité : ne te repose jamais sur l'amour de l'autre, car si tu penses qu'il ou elle ne partira jamais, quelqu'un d'autre pourrait lui offrir ce que tu as cessé de donner.

Elle est partie

N'attends pas qu'un autre homme fasse attention à ta femme.

Tu n'es pas irremplaçable.

Il y aura toujours une autre personne prête à prendre ta place.

Remplaçable

Parfois, une étrangère me fixe dans le miroir,
Son reflet, pourtant, porte ma chair et mes espoirs.
Les jambes frêles et les bras baissés
Dans la quête de bonté, je me suis égarée.

Ainsi donc, même la rose la plus belle
Se pare de ronces
Et c'est ainsi que, dans chaque épine,
Sa vraie beauté émerge

Dans le miroir

Non, ce n'est pas ta faute s'il t'a fait ça.
Non, elle n'est pas mieux que toi.
Dans une autre vie
Ça aurait pu être elle, toi, moi...
Peu importe les raisons
Peu importe le pourquoi du comment
Elle n'est pas mieux ni pire que toi.
Elle était en mal d'amour
Et il était trop con
Assez con pour abandonner sa raison
Assez con pour abandonner son unique amour.

Tu n'es pas fautive

Si j'explore ma sexualité,
Je suis une pute,
Mais si je me consacre à un seul homme,
Je suis une femme bonne à marier.

Pourquoi donc es-tu si frustré,
Est-ce que notre liberté te fait rougir ?
As-tu peur de la rivalité,
Des hommes qui auraient pu assouvir mes désirs ?

Regarde-moi, tu me juges déjà
Mais je n'ai que faire de ton regard,
Je suis libre de vivre mes choix,
Et de les assumer, car
Je ne suis pas le genre de femme,
À me soucier de ta pensée,
Je suis moi, sans artifices ni faux-semblants
Et je vis ma sexualité en toute transparence
assumée.

Ni pute ni bonne à marier

Les gens qui prônent la beauté des femmes aux courbes prononcées sont souvent les premiers à dénigrer celles qui ont une silhouette plus fine et qui ne se sentent pas bien dans leur corps.

Ainsi naquit la méchanceté sous un voile de bienveillance.

Hypocrisie 2.0

Ne dis pas que tu tiens à moi quand tu ne te rappelles même plus la dernière fois que tu m'as prise dans tes bras.

Paroles, paroles...

J'ai été con...

C'est trop tard...

Dommage pour toi

Je n'ai pas cessé de t'aimer.
J'ai cessé de croire en nous.

La fin

Elle ne sera pas toujours là.

Dis-lui que tu l'aimes

Un jour, là-haut, nous nous retrouverons
Tu me questionneras sur ce qu'a été ma vie
Et je te répondrai avec sincérité
Que j'ai connu le bonheur sur Terre
Que j'ai été comblée
Tu me demanderas alors pourquoi
Après tant d'années de joie
Notre famille s'est brisée
Et je te répondrai, en soupirant
Que la mort n'a pas toujours l'effet escompté.
Parfois, elle sépare ceux qui s'aiment au lieu de les rapprocher.

Tu me manques

Finalement, je me dis que tu étais sans doute le seul lien qui nous unissait. Sinon, pourquoi après ta mort tout le reste a-t-il cessé d'exister ?

Tu étais le seul pilier qui maintenait notre unité.

Notre lien

Je contemple ces jeunes et je vois ceci :

Un ado malheureux, qui se tait et se cache par peur
d'être jugé.

Un ado loquace, fatigué de se taire à la maison, qui
profite de l'école pour parler sans tracas.

Un ado révolté contre l'autorité, car il ne supporte
plus cette société qui ne lui convient pas.

Un ado seul dans son coin, rejeté par la classe
depuis longtemps, qui souffre en silence de ne pas
être aimé.

Un ado clown qui amuse ses potes, car papa et
maman ne rient jamais, surtout depuis qu'ils ont
signé les papiers du divorce.

Un ado optimiste qui, à force de travail, a réussi à faire de ses faiblesses une force.

Un ado sans espoir d'être un jour louangé. Papa et maman préfère le cadet, alors pourquoi se fatiguer ?

Un ado qui se cherche, veut être accepté, mais qu'on traite toujours comme un cas à part car il éprouve des difficultés à s'exprimer.

Un ado brutal, qui cogne et frappe sans arrêt, utilisant ses poings comme des remparts car, papa lui a dit que "dans notre famille, on n'est pas des faiblards".

Un ado qui partira loin d'ici, loin de cet "enfer", où il ne trouve que douleur et misère.

Un ado parti trop tôt, sans avoir pu partager, tant de choses qu'il aurait aimé exprimer.

Ces ados

Je t'observe en silence et je vois que tu as autre chose en tête. Ton regard ne trompe pas. Tes lèvres sont closes, mais tes yeux racontent tant de choses.

Les histoires que tu tais, les faiblesses que tu caches, je les vois. Ne te cache pas.

Regard transparent

Souvent je te regarde et je me dis que j'ai une chance incroyable de t'avoir auprès de moi.

Impossible d'être déçue par l'amour quand on rencontre une personne comme toi.

Chanceuse

Tu m'exprimes ton amour différemment. C'est souvent dur pour moi qui demande tant d'attention. Pourtant, je le sais que tu m'aimes dans le fond. C'est juste que nous sommes différents.

Tu m'aimes (à ta façon)

Peu importe ce qu'il adviendra de nous. Tu resteras à tout jamais mon premier vrai amour.

Premier amour

Tu remplis mon existence en comblant mes vides de tes forces.

Tu me combles

Tu ne t'imagines pas tout ce qui se passe dans ma tête, et c'est sans doute mieux ainsi.

Dans ma tête

Au milieu des livres, je me sens chez moi. La poussière qui se glisse entre les pages, l'odeur familière du vieux papier, m'emmène loin, loin de la réalité. Il m'arrive souvent, en parcourant un livre, de me perdre dans les mots, de me noyer dans leur beauté. À travers les lignes, mes pensées s'évadent, ouvrant la porte à un univers encore inexploré.

Il est difficile d'exprimer cette sensation, mais être entourée de livres me rappelle le moment où je me laisse glisser sous l'eau. Le temps se suspend, les bruits du monde s'estompent, ma respiration s'apaise et dans cette bulle, je ressens une douceur infinie, comme si tout ce qui m'entoure n'était que tranquillité et rêverie.

Ma bulle

Ce que les autres trouvent ennuyeux, je trouve ça incroyable.

Je suis sans doute ennuyeuse…

À mes yeux, tu représentes la douceur et la tendresse. Quand je pense à toi, je m'imagine enveloppée dans tes bras, réconfortée par ta chaleur. Je nous vois sous une couverture douillette, en train de contempler les flammes dans l'âtre d'un feu ouvert, en plein cœur de l'hiver. Ta présence est pour moi une source de réconfort et de sécurité, qui me permet de m'évader du stress et de l'agitation du quotidien.

Douceur infinie

Je veux tes bras et je veux son amour.

Gourmande

Je suis persuadée que les animaux possèdent une lueur qui brille en eux et se reflète sur nous, les humains. Ceux d'entre nous qui aiment les animaux grandissent en absorbant cette lumière et, même après leur mort, cette lumière continue de briller en nous. C'est comme si une partie de leur âme se transmettait à ceux qui les ont aimés et chéris, permettant ainsi à leur esprit de continuer à vivre à travers nous.

Cette idée me réconforte. Je me dis que, de cette façon, les animaux qui ont touché nos vies ne disparaîtront jamais vraiment, ils resteront avec nous, à tout jamais.

Mes lumières

Je me questionne souvent sur ce qui se passe après la mort. Est-ce que je pourrai retrouver les personnes qui m'étaient chères ? Serai-je confronté à un jugement qui déterminera mon sort pour l'éternité ? C'est un grand mystère que j'aimerais résoudre, mais je n'ai pas envie de partir maintenant. Si je pars et que rien ne se passe, je ne pourrai plus dire à mes proches que je les aime et que je vais bien.

Après la mort

Lorsque je pense à toi, je ne peux m'empêcher de croire que tout cela n'est pas réel. J'ai l'impression que si je sonne chez toi, tu ouvriras à nouveau ta porte. Maman et papa boiront une tasse de café en ta compagnie et je jouerai avec tes pinces à linge comme je le faisais étant petite. Le soir, nous regarderons des films et à une heure du matin, je te demanderai : « on en remet un ? ». Alors, même épuisée, tu finiras par accepter, toi qui es pourtant une grande passionnée de cinéma. Ensuite, nous nous dirons au revoir et je partirai avec mes parents, continuant à croire que ces moments dureront toujours.

La vérité, c'est que tout a une fin.

Pourquoi es-tu toujours si gentil avec moi ? Ne peux-tu pas être méchant ou égoïste parfois ? Pourquoi est-ce que tu te préoccupes autant de moi ? Tu ne peux pas vouloir que je sois distante en ne cessant de te rapprocher.

Distance de sécurité

Tu es adorable !

Comment ne pas l'être avec toi ?

Merci encore

Parfois, je ressens l'envie de m'en aller loin et de tout recommencer. J'ai déjà quelque chose ici, mais j'ai le sentiment que quelque chose d'autre m'attend ailleurs, et que rester ici ne fait que retarder l'inévitable.

Partir

C'est possible de se poser autant de questions et
d'avoir si peu de réponses ?

Ma tête va exploser

Je me suis présenté et j'ai dit que je serai là pour eux. J'ai voulu découvrir leurs rêves, leurs craintes et leurs attentes vis-à-vis d'eux-mêmes et de moi. À ce moment-là, un élève m'a demandé : « vous êtes psy, Madame ? » et j'ai hésité.

Être prof, c'est un peu pareil, non ?

~~Psy~~ Prof

Nue dans la salle de bain,
L'eau coulant sur ma peau,
Je ressens une douce peine,
Dans ce lieu où se mêlent les mots.

Les souvenirs me traversent,
Comme les gouttes qui dévalent ma peau,
Ton image dans mon esprit persiste,
Et se dévoile, au fil de l'eau.

Les paroles que tu m'as dites,
Comme des perles dans l'océan de ma pensée,
Je les examine une à une,
Et les grave en moi pour ne pas les oublier.

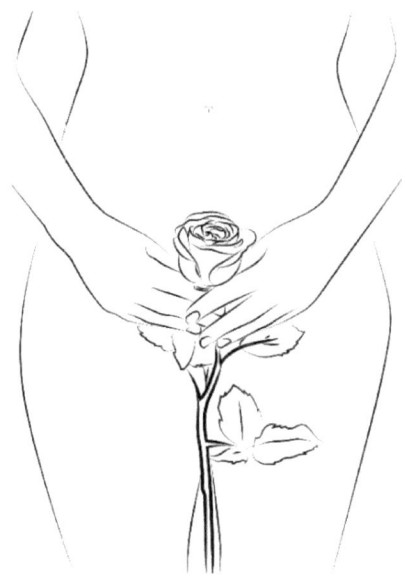

Je ne suis pas soumise à tes désirs.
Je ne suis pas là pour te donner du plaisir.
Mon amour pour toi possède des conditions.
Je crains bien que tu aies échoué à ta mission.
À trop vouloir me dominer,
Tu as réveillé en moi le besoin de m'affirmer.

Indépendante

« Je t'apprécie »

Merci, c'est gentil.
À présent, laisse la place à celui qui va m'aimer.

« Je t'aime »

J'aime échanger avec des étrangers du monde entier. Leurs histoires et leurs vécus ont souvent plus de choses à m'apprendre que le discours des gens qui m'entourent.

Parler avec le monde

Un scarabée doré pend à mon collier
Symbole éclatant de mes souvenirs passés
Il me rappelle nos voyages, nos folles épopées
Au pays des pharaons, des dieux adulés

Ses reflets d'or me renvoient à l'Égypte antique
Où les mystères et les légendes sont multiples
Papa, maman je vous remercie
D'avoir permis à votre petite fille
De voyager en dehors de ses cahiers
Petite fille qui a bien grandi
Et à qui vous avez donné le goût de l'étranger

Égypte
Pays qui a vu naître mes premiers écrits
Égypte
Pays que je n'oublierai jamais
Pays qui m'a fait découvrir de nouveaux horizons,
Car le scarabée y est une créature vénérée avec
passion.
Son éclat doré, sa symbolique sacrée,
M'ont ouvert les yeux sur la vraie beauté.

Égypte, pays de mes souvenirs

J'ai longtemps cherché ma voie, comme un navigateur en quête d'un phare dans la nuit. Les choix semblaient multiples, les directions incertaines. Et pourtant, je ne voulais pas abandonner.

Je ne voulais pas choisir une voie par dépit, je voulais trouver la mienne. Mais quel métier pourrait convenir à une jeune fille qui aime tout et rien à la fois ? Une jeune fille qui adore apprendre de nouvelles choses, mais qui s'en lasse aussi vite ?

J'ai longtemps cherché ma voie, et aujourd'hui, je l'ai trouvée. Toi aussi, tu trouveras la tienne. Peut-être pas cette année ni l'année suivante, mais avec de la patience et de la volonté, tu y arriveras.

Trouver sa voie

Nous sommes des âmes sœurs.

C'est quoi une âme sœur ?

C'est une personne à laquelle tu te sens liée. Tout semble beau avec cette personne, tu te sens bien avec elle parce que tu as l'impression qu'elle te complète à la perfection.

Tu es mon âme sœur alors.

Mon âme sœur

Les gens ne voient que ta réussite,
Pas tes efforts.

D'abord les sacrifices

Mes valises sont prêtes, et j'y ai placé mes souvenirs les plus précieux. Des trésors qui racontent mon histoire, mes réussites et mes échecs. Je suis prête à partir vers l'inconnu, vers un avenir que je ne connais pas encore.

Vais-je tout abandonner ? Peut-être.

Mon avenir est-il ailleurs ? Sans doute.

Mes valises sont prêtes, et je suis prête à partir. Prête à découvrir ce que la vie me réserve, prête à rencontrer de nouvelles personnes, à apprendre de nouvelles choses. Je ne sais pas où je vais, mais la vie me propose un défi que je suis prête à relever.

Le défi de la vie

Tu aimes bien me taquiner, n'est-ce pas ?

Je t'aime bien tout court.

Tu m'aimes bien parce que je te plais ?

Tu penses que tu me plais seulement physiquement ?

Ce n'est pas le cas ?

Tu ne comprends vraiment rien toi…

J'avais compris

J'aurais tant souhaité que tu ne fasses pas seulement partie du voyage, mais que tu en sois la destination elle-même.

Tu n'es pas ma destination

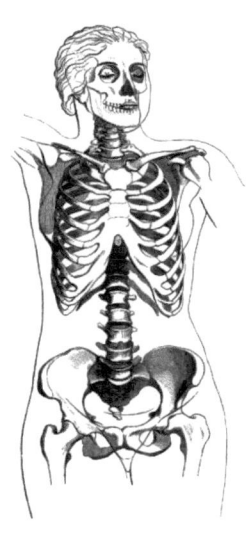

Dans ce monde étrange, où le superficiel prévaut
Je suis une femme, formée par la vie
Poitrine, fesses, le tout en harmonie.
Au lieu de me traiter pour ce que je vaux,
L'Homme me juge pour ce que la nature m'a doté

Pourtant, derrière ce voile de féminité,
Se cache un squelette semblable à tous les autres.
Il suffirait de voir au-delà de mes courbes tracées,
Les os de mon corps semblable aux vôtres.

Je suis comme toi

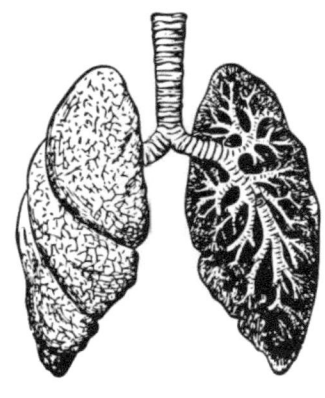

Je n'ai pas besoin de te tuer.
Tu te tues très bien tout seul.

On l'appelle « Cigarette »

Ses ailes frémissent, une symphonie légère
Harmonie parfaite, note éphémère.
Arc-en-ciel vivant dans un monde cruel
Un battement d'ailes, léger comme le vent
Et le voilà qui rejoint le ciel
Bel oiseau à la recherche de couleurs
Qui, au contact des humains, a vite compris
Que ce n'est pas avec ceux qui jugent autrui
Qu'il connaîtra le bonheur !

Colibri

Par moments, je tends la main, et on me conseille de ne pas le faire, arguant que certains n'en ont pas réellement besoin. Cependant, je m'efforce de croire que si ma démarche est empreinte de bienveillance, et que quelque part, un Dieu existe, il reconnaîtra que mon geste n'est pas vain.

Tendre la main

Un jour, j'aimerais tenir la main d'un homme et tenir une canne de l'autre.

Nous nous aimerons profondément et la vieillesse n'aura pas d'importance.

Vieillir ensemble

Et si on se faisait une promesse ?
Tu ne m'oublies pas, et je ne t'oublie pas.

Promets-moi

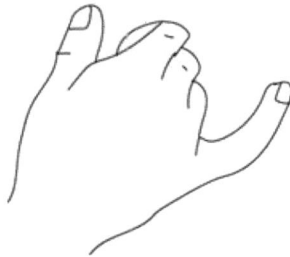